Editorial

El Mar Caribe que baña las costas mexicanas en Quintana Roo es la razón por la cual millones de turistas nos visitan al año. Es un mar cristalino, con una gran riqueza en vida marina que habita sus bellos fondos y sus jardines de coral. Con un gran placer, y después de un buen numero de inmersiones al mundo submarino, hemos reunido una pequeña muestra de los peces más comunes del Caribe Mexicano. Esperamos que esta les sirva de guía y les recuerde su visita al bello Estado de Quintana Roo.

The Caribbean Sea bathing Mexico's southeastern coastline is the reason why millions of tourists visit us every year. The crystal clear water teams with life, scuttling along the seabed and darting in and out of the coral Reefs. After many dives into this underwater world, it has been our pleasure to put together this small pictorial sampling of the Mexican Caribbean's most common fish. We hope that this will help guide you on your adventures and remind you of your visit to the Beautiful state of Quintana Roo.

EDITORA FOTOGRAFICA MARINA KUKULCAN S.A. DE C.V.   Tel/Fax: 887-47-68, 887-47-11   e-mail: kukulcan@cancun.com.mx

Family:

Angelfish - Pez Angel

Ovals, Small Mouths, Colorful.
Ovalados, Bocas Pequeñas, Coloridos.

6 Species described

Blue Angelfish - Pez Angel Azul

Rock Beauty - Piedra Bonita

Queen Angelfish - Pez Angel Reyna

French Angelfish - Pez Angel Frances

Gray Angelfish - Pez Angel Gris

Townsend Angelfish

French Angelfish Juvenile
Pez Angel Frances Juvenil

Gray Angelfish Intermediate
Pez Angel Gris Intermedio

Family:

Butterflyfish - Pez Mariposa

Disks, Small Mouth, Colorful.
Redondos, Bocas Pequeñas, Coloridos.

3 Species described

Banded Butterflyfish-Mariposa Rayado

Surgeonfish - Pez Cirujano

Foureye Butterflyfish
Mariposa Cuatro Ojos

Family:

Surgeonfish - Pez Cirujano

Round, Small Mouths, Colorful.
Redondos, Bocas Pequeñas, Coloridos.

3 Species described

Blue Tang Juvenile-Cirujano Juvenil

Spotfin Butterflyfish
Pez Mariposa Moteado

Doctorfish - Pez Cirujano

Blue Tang - Cirujano Azul

Family:
Parrotfish - Pez Loro

Powerful Jaws, Bright Colors,
Swim with Pectoral Fins.
Mandibulas Fuertes, Colores Brillantes
Nadan con aletas pectorales.

9 Species described

Redband Initial Phase
Pez Loro de Banda Roja Fase Inicial

Stoplight Terminal Phase
Pez Loro Luz Roja Fase Terminal

Rainbow Parrotfish - Pez Loro Arcoiris

Redband Initial Phase
Pez Loro de Banda Roja Fase Inicial

Stoplight Parrotfish - Pez Loro Luz Roja

Rainbow Parrotfish Intermediate Phase
Pez Arcoiris Fase Intermedio

Redband Terminal Phase
Pez Loro de Banda Roja Fase Terminal

Stoplight Initial Phase
Pez Loro Luz Roja Fase Inicial

Queen Parrotfish - Pez Loro Reyna

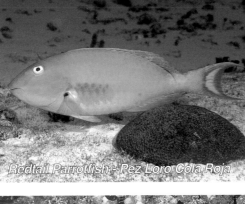
Redtail Parrotfish - Pez Loro Cola Roja

Stripped Parrotfish - Pez Loro Rayado

Queen Parrotfish Initial Phase
Pez Loro Reyna Fase Inicial

Midnight Parrotfish - Pez Loro Medianoche

Stripped Parrotfish Terminal Phase
Pez Loro Rayado Fase Terminal

Blue Parrotfish - Pez Loro Azul

Midnight Parrotfish Intermediate Phase
Pez Loro Medianoche Fase Intermedia

Princess Parrotfish - Pez Loro Princesa

Family:
Hoghfish - Wrasse
Pez Puerco - Boquinete

4 Species described

Spanish Hogfish - Pez Puerco Español

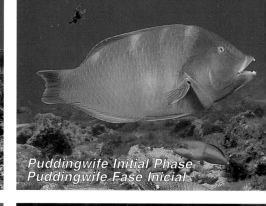
Puddingwife Initial Phase
Puddingwife Fase Inicial

Hoghfish - Boquinete

Creole Wrasse - Criollo

Puddingwife Terminal Phase
Puddingwife Fase Terminal

Hoghfish - Boquinete

Creole Wrasse Initial Phase
Creole Wrasse Fase Inicial

Yellowhead Wrasse - Cabeza Amarilla

Family:

Squirrelfish - Pez Ardilla

Reddish, Big Eyes
Colorados, Ojos Grandes

2 Species described

Blackbar Soldierfish
Pez Soldado de Barra Negra

Balloonfish - Pez Globo

Squirrelfish - Pez Ardilla

Family:

Puffer
Pez Globo Puercoespin

This specie inflates its body in
in self defense.
Inflan sus cuerpos para defenderse.

3 Species described

Porcupinefish - Pez Puercoespin

Longspine Squirrelfish
Pez Ardilla Espina Larga

Sharpnose - Nariz Afilada

Porcupinefish Terminal Phase
Pez Puercoespin Fase Terminal

Family:
Snapper - Pargo

This species owes its name to its habit of opening and closing its jaws in a snapping fashion.

Deben su nombre al hecho de abrir y cerrar sus mandibulas, como mordiendo.

7 Species described

Cubera Snapper - Cubera Pargo

Yellowtail Snapper - Rubia Canane

Schoolmaster - Pargo Amarillo

Mutton Snapper - Pargo Lunar

Red Snapper - Pargo Rojo

Gray Snapper - Pargo Gris

Dog Snapper - Cubera Perro

Mutton Snapper - Cubera Pargo

Family:

Grunt - Gruñon

The common name of this fish is derived from the grinding noise produced with its teeth.

Su nombre familiar se deriva del ruido que producen con los dientes.

11 Species described

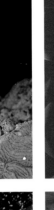

Bluestripped Grunt
Gruñon de Rayas Azules

Tomtate - Gruñón Lunar

Cottonwick Initial Phase
Gruñón Rayado fase Inicial

Spanish Grunt - Gruñon Español

Smallmouth Grunt - Gruñon de Boca Chica

Cottonwick - Gruñón de Raya Negra

White Margate - Margate Blanco

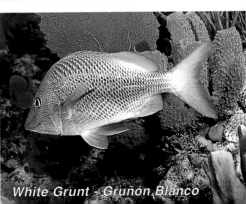

White Grunt - Gruñon Blanco

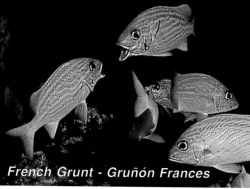
French Grunt - Gruñón Frances

Black Margate - Margate Negro

Spotted Trunkfish - Pez Tronco Moteado

Caesar Grunt - Gruñón Cesar

Family:

Boxfish - Pez Cofre

Boxfish are protected by a triangular
Bony box of armor.
El pez cofre se protege con una
armadura fuerte y espinosa

3 Species described

Smooth Trunkfish - Pez Tronco Suave

Porkfish - Pez Puerco

Spotted Trunkfish Juvenile
Pez Tronco Moteado Juvenil

Honeycomb Cowfish - Pez Toro

Family:

Triggerfish - Filefish
Pez Gatillo - Pez Lima

The family's common name comes from
the rough and texture of the their skin.
Su nombre se debe a lo aspero
y duro de su piel.
5 Species described

Black Durgon

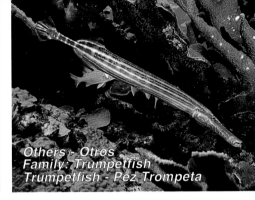

Others - Otros
Family: Trumpetfish
Trumpetfish - Pez Trompeta

Ocean Triggerfish - Pez Gatillo Oceánico

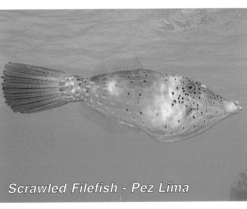

Scrawled Filefish - Pez Lima

Others - Otros
Family: Goatfish
Spotted Goatfish - Chivita

Queen Triggerfish - Pez Gatillo Reyna

Whitespotted Filefish - Pez Lima Moteado

Others - Otros
Family: Goatfish
Yellow Goatfish - Chivita Amarilla

Family:

Seabass
Grouper - Meros

Heavy Body, Large Mouth
Cuerpo Pesado, Boca Grande

12 species described

Black Grouper - Mero Negro

Yellowfin Grouper-Mero de Aleta Amarilla

Jewfish - Cherna/Guasa

Black Grouper - Mero Negro

Yellowfin Grouper-Mero de Aleta Amarilla

Tiger Grouper - Mero Tigre

Black Grouper - Mero Negro

Yellowfin Grouper-Mero de Aleta Amarilla

Red Grouper - Mero Rojo

Coney Golden Phase - Mero Fase Amarilla

Red Hind Red Phase - Cabrilla Fase Roja

Nassau Grouper - Mero de Nassau

Coney Bicolor Phase - Mero Bicolor

Rock Hind - Cabrilla de Roca

Graysby - Cabrilla Moteada

Coney - Mero de Puntos Azules

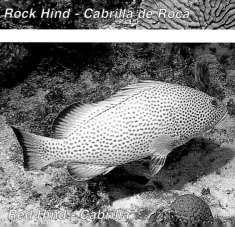

Red Hind - Cabrilla

Family:

Jack - Jurel

Silvery, Strong swimming predators
of the open sea.
Plateados, depredadores
de mar abierto.

6 Species described

Crevalle Jack - Jurel de Punto Negro

Horse-eye Jack - Jurel Ojón

Almaco Jack - Abanderado

Permit - Palometa

Family:

Porgy

Silvery, porgies are solitary and stay
near the buttom where they feed on
shellfish and crabs.
Plateados, son solitarios y viven cerca
del fondo del mar donde se alimentan
de cangrejos y caracoles.

3 Species described

Yellow Jack - Jurel Amarillo

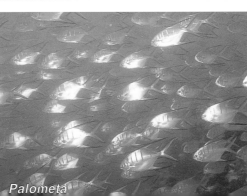

Palometa

Saucereye Porgy

Porgy - Pluma

Barracuda

Tarpon - Sábalo

Jolthead Porgy

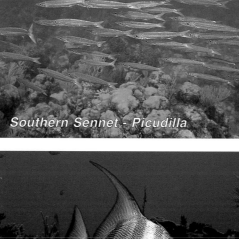
Southern Sennet - Picudilla

Cobia - Bacalao

Family:

Others - Otros

Silvery - Plateados

6 Species described

Atlantic Spadefish - Pez Pala del Atlántico

Chub - Chopa

Family: Damselfish
Pez Damisela

Colorful small and ovall shaped, the
Damselfish is know for the
jealous protection of its territory
Coloridos y de forma oval, el pez
Damisela se caracteriza por
proteger celosamente su terrritorio.
5 Species described

Threespot Damselfish Juvenile
Damisela de Tres Puntos Juvenil

Family: Hamlet - Seabass

The Hamlet is similar in size and appearance
to the Damselfish. Their difference may be
noted in the flat head of the Hamlet which
contrasts with the round-headed Damselfish.
El Hamlet es muy parecido en tamaño
y apariencia al pez Damisela, y la
diferencia esta en la cabeza plana del
Hamlet y la redonda del pez Damisela.
4 Species described

Yellowtail Damselfish
Damisela Cola Amarilla

Bicolor Damselfish - Damisela Bicolor

Shy Hamlet - Hamlet Tímido

Beaugregory

Sergeant Major - Sargento Mayor

Black Hamlet - Hamlet Negro

Indigo Hamlet - Hamlet Azul

Others - Otros:
Spotted Drum - Tambor Moteado

Others - Otros:
Lizardfish - Pez Lagarto

Butter Hamlet - Hamlet Mantequilla

Others - Otros:
Spotted Drum Juvenile-Tambor Motedo Juv.

Others - Otros:
Peacock - Lenguado Pavo Real

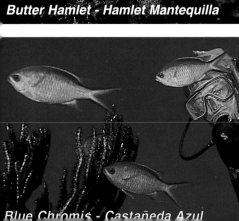

Blue Chromis - Castañeda Azul

Others - Otros:
High Hat - Sombrero alto

Others - Otros:
Batfish - Pez Murcielago

Sharks - Tiburones

Family: Carpet Shark

Nurse Shark - Tiburón Gata

Others - Otros
Family: Toadfish
Splendid Toadfish - Pez Sapo Esplendido

Others - Otros
Family: Remora Sharksucker
Remora

Others - Otros
Family: Pipefish Seahorse
Long Snout Seahorse - Caballito de Mar de Boca Larga

Others - Otros
Family: Scorpionfish
Spotted Scorpionfish - Pez Escorpión

Sharks - Tiburones

Family: Carpet Shark

Caribbean Reef Shark
Tiburón de Arrecife

Others - Otros
Family: Moray
Green Moray - Morena Verde

Others - Otros
Family: Moray
Spotted Moray - Morena Pinta

Others - Otros
Family: Moray
Goldentail Moray - Morena Cola Dorada

Others - Otros
Family: Snake Eel
Sharptail Eel - Morena de Cola Filosa

Others - Otros
Family: Round Stingray
Yellow Stingray - Raya Amarilla

Others - Otros
Family: Stingray
Southern Stingray - Pastinaca del Caribe

Others - Otros
Family: Stingray
Roughtail Stingray - Raya de Cola Dura

Others - Otros
Family: Eagle Ray
Spotted Eagle Ray - Raya Pinta

Sharks - Tiburones

Family: Carpet Shark

Whale Shark - Tiburón Ballena